꽃이 새가 되는 시간

황경순 시집

시인동네 시인선 236

황경순 시집

꽃이 새가 되는 시간

시인동네

시인의 말

보이는 사물마다
중구난방 있는 것 같아도
다 할 말이 있고
혼이 깃들어 있고

하는 일마다
보잘것없어 보여도
뜻이 있고 길이 있다.

게으름을 피우다 8년 만에 세 번째 시집을 묶는다.
여전히
백합꽃은 눈부시다.

새로운 빛깔과 향기로 거듭나고 싶다.

2024년 8월
황경순

차례

제2부

제3부

제4부

제1부

슬픔의 각도

무작정 슬퍼질 때가 있다 배우자나 자식이 맘에 하나도 안 들고 직장에서도 친한 친구도 아무도 내 맘을 몰라줄 때 사는 게 시큰둥하고 꼼짝하기도 싫고

무진장 슬퍼질 때도 있다 청천벽력같이 돌연사한 친구나 더 견딜 줄 알았는데 홀연히 떠난 친구나 코로나라고 장례식장도 못 가고 보내버린 가족 때문에 분노까지 치밀고

무턱대고 슬플 때도 있다 사람들이 죽어 나가도 속없이 푸른 하늘, 예전 그대로 화려하게 피는 꽃들 봐도 눈물 나고 드라마 속 불륜에 욕하다가도 약자가 되어 펑펑 울기도 하고 트로트 열풍에 따라 부르며 울기도 하고

슬픔의 각도기로 잴 수만 있다면 꼭 그만큼만 슬퍼할 수 있고 꼭 이만큼만 슬퍼하라고 위로할 수도 있을 텐데

측량할 수 없는
슬픔의 각도

막

막 살다가
막 이상이 왔다
족저근막염이라는 듣도 보도 못한 병에 걸려
막 죽을 듯한 고통을 맛보고서야
막막해서 생각해 보니
막이라는 존재를 전혀 모르고 살았다 머리끝부터 발끝까지
막이라는 것이 있었다니
피부에서 내장 속까지 보이지 않는
막이 있을 줄이야!

누구는 위점막이
누구는 각막이
누구누구는 자궁막이 이상해졌다고 해도

막을 모르고 그저 흘려들었다 보이지 않는 무서운
막을 치며 살았다
막을 치지 않으려고 노력해도 칠 수밖에 없는 것이 또
막인가 혼자서 얼마나 고군분투하며 살았을지 온몸 지탱하

던 발바닥 족저근
막의 외로운 삶, 그 아픔 속에 너와 나 보이지 않는
막의 이상이 실은 더 무섭다 언제나 투명하게 너와 나를 감
싸던 그
막이 어느 순간 망가졌는데도 무덤덤하게 지내다가
막 소리를 지를 수밖에 없는 아픔이 오고 나서야
막이 사라졌음을 깨달았다

막의 연약함이 필요악이고
막을 치지 않고 살 수 없다면
막을 똑바로 보며 새로운 인생 막을 열어야지
막 더 이상 화나지 않게

거꾸로 보는 세상

미용실에서 거울을 보면
시간이 거꾸로 간다
숫자도 거꾸로
방향도 거꾸로

그래서 그런지
미용사의 가위질에
내 얼굴도 거꾸로 젊어진다

안양천 둔치 1,000미터 트랙에서도 그렇다
사람들이 모두 반시계 방향으로 도는데
나 혼자 시계 방향으로 돈다

그래서 그런지
엉덩이만 보이던 사람들의 뒷모습에서는
결코 볼 수 없었던
사람들의 표정을 볼 수 있다

상투적인 습관을 탈피하면

새로운 세상을 만날 수 있다

과속단속카메라

아무 생각 없이 달리다
한 모퉁이 돌아드는데
눈앞에서 갑자기 뭐가 번쩍 한다
급히 브레이크를 밟았지만
이미 늦었다

살다 보면 이런저런 과속투성이다
아차 하는 순간
섣부른 행동으로 벌어진 사태들
주워 담을 수 없는 경솔함들

사랑도 그렇다
아무 생각 없이 살아가다
한 모퉁이 돌아드는데
어느 날 갑자기
훅 들어오는 그놈의 사랑
브레이크를 밟았을 때는
이미 늦은 것이다

단속에 딱 걸린 것처럼
번쩍 번쩍
머리 가슴 온몸이 감전되고 만다
에고, 중상이다!

과속위반이야 카메라에 찍힌 그 속노만큼
벌금만 내면 깔끔한데
사랑은 찍힌 속도도 없고
벌금을 매길 수도 낼 수도 없으니
도대체 어떻게 처리할까?

안절부절 밤이 길다

핏줄론

어떤 피가 좋은 피인가요?
선홍빛 피가 나오면 건강하다지요?
체하면 검은 피가 몰려나오고
나이가 들면 피가 엉켜서 탁하다지요?

식물도 피를 흘려요
뽕잎을 똑 따면 하얀 피가,
애기똥풀꽃을 똑 따면 노랑 피가,
쇠뜨기풀을 똑 따면 투명한 피가 흘러나와요

A형은 어떻고, B형은 어떻고, O형은 어떻고, AB형은 어떻고
백인은 어떻고, 황인은 어떻고, 흑인은 어떻고
무슨 성씨는 어떻고, 무슨무슨 성씨는 어떻고
다 빨간 피가 나오는데
다 빨간 피가 나오는데

부자면 어떻고 가난하면 어떨까마는

피가 다른가 봐요
인간 이하의 갑질을 하고서도 태연하게 살고 있으니까요
부자들에겐 투명한 피가 나서 아프지도 않고
표시가 안 난다고 생각하는 걸까요?

그들에게는 어떤 피가 날까요?
피가 나긴 할까요?

꽃도 나무도 사랑을 하고
상처 입으면 아파서 피가 나는데

뽕나무처럼 고무나무처럼 벤자민나무처럼
내게도 고귀한 하얀 피가 났으면 좋겠어요

금선탈각(金蟬脫殼)

숯불가든 정원 아름드리나무에
붉은 매미들이 수북이
오로지 위를 향해 포진하고 있다
아무리 건드려도 제자리,
본체는 사라지고
붉은 껍데기만 바람에 나부낀다

아, 수십 년을 버틴 흔적도
이렇게 버릴 수 있구나!

억울한 일을 당해도
찍소리도 못하고 막막했는데
금선탈각(金蟬脫殼)* 하였더라면!

누군가는 떠나고
누군가는 자지러지게 울어대는
그 아래, 새로운 본질들이 매달려
못 채운 세월 더하고 있는 것을!

붉은 껍질들의 충성이 돌파구가 되어
오랜 인고의 세월을 벗고
새로운 꿈이 되고
시(詩)가 되었다

---

*금선탈각(金蟬脫殼): 매미가 허물을 벗듯 달아나라. 병법 삼십육계 중 제21계.

황홀한 비행

하루살이는 입을 포기한다
태어나자마자 입을 가차 없이 뭉개버린다
먹이는 필요치 않으므로

수천 마리 떼를 지어 화려한 무더기 짝짓기로
오직 더 많은 알을 물속에 쏟아 넣기 위해

불빛을 향해 돌진한다
붉은빛, 푸른빛 갖가지 빛을 내며
세상에서 가장 아름다운 비행,
최후의 비행을 한다

앞으로 재고 뒤로 재고
말 한마디에도 의미를 부여하며 따지고 또 따지며
달면 삼키고 쓰면 뱉어버리는
거대한 인간이나 동물들은
그저 배경에 불과하다

하루살이 인생 하루살이 사랑이라고 경멸하다니
5억 년 동안 대를 이어
천 일을 기다리다 단 하루 단 한순간을 불태우며
죽음으로 끝나는 결연한 비행 때문에
지구가 돌고 있는 것을
사랑이 아직도 존재하는 것을

수면에 반짝반짝 커다란 하루살이꽃이 피었다

탈피의 의미

심해에 사는 키다리게
탈피를 위해 얕은 물로 대이동을 시작한다
헌 껍데기를 버리고 새 껍데기가 나기까지
2주일 동안 사투가 시작된다
눈빛만 살아 있고
속살이 드러나 말랑말랑해진 키다리게
거대한 가오리의 뱃속으로 들어가기도 하고
물고기 떼에게 뜯어 먹히기도 한다

일부의 희생으로 한 편에선 짝짓기도 하지만

살아남기 위해서 감수해야만 하는 2주일
그 2주일을 버텨야만 몸이 1.5배 죽죽 늘어난다
무거워진 몸이지만 발걸음도 가볍게
다시 심해로 힘차게 돌아간다

100년을 사는 거대한 3.5미터 키다리게
거미처럼 몸통보다 다리가 길어

심해에서 천하무적 종횡무진하는 키다리게
20번이나 헌 옷을 벗고 또 벗고
새 옷으로 갈아입으며 나날이 새로워지는 키다리게

비슷하게 100년 가까이 사는데 자라지도 않고
쪼그라드는 인간,
쪼그라들수록 벗고 또 벗고
눈은 빛나야 하는데
나날이 새로워져야 하는데

이제 그들은 흔적도 없다
깊이깊이 숨어버렸다

투명한 집

염낭거미 행동 개시
드디어 때가 왔어요 기나긴 방황을 마치고
처음이자 마지막 집
나만의 집을 지을 때가 왔어요

저기 살짝 접힌 벼 잎에
새하얀 거미줄, 수만 겹의 거미줄로
가장 정교한 은신처를 만들어야 해요
이제 아무것도 필요 없어요 사랑도 욕심도 먹는 것도 부질
없어요
그저 완벽한 집중만이 필요해요
오직 알들의 부화를 위해 천적을 염탐하기 위해
튼튼하고 투명한 집을 지어요 지어요 지어요

정말로 때가 왔어요
한 마리 한 마리 알들이 깨어나요
나의 분신들이 깨어났어요

이제 최후의 만찬으로 가장 투명한 집이 될 시간
얘들아, 나를 투명하게 해다오
단 한 모금의 체액도 남기지 말고 내 몸을 먹어다오
진정 투명한 나의 집을 완성해 다오

장엄한 최후로,
너무나 투명한 집, 투명하다 못해 흔적도 없는 집
새끼들도 모두 떠난 빈집이 완성되었어요

자식을 죽인 애비, 애미가 고개를 빳빳이 쳐들고 웃는 화면을 보며
쪽방에서 50도 육박하는 염천에 젖을 물리며 부채질하는 화면도 보며
염낭거미 한 마리가
벼 잎 한 장에 간들간들 투명한 집을 짓고 있어요

쉼표와 숨표 사이

노래를 부르다가
앞 보표에선 '𝄽' 한 박자 쉬고
이 보표에선 ',' 재빨리 숨을 고르라니,
쉼표 없는 보표에서
오선지 밖 숨표를 지키기 위해
아이들은
퐙!
익살스럽게 숨을 멈춘다

',' 국어에서는 쉼표, 음악에서는 숨표,
쉼은 무엇이고 숨은 무엇인가?

오선지 안에서는
한 박자 여유롭게 쉬어도 좋지만,
오선지 밖에선
순식간에 모든 것을 끝내야만 한다

살기 위해 끊임없이 몸부림쳐야만 하는 비정규직처럼

음표들은 허공을 향해 훨훨 날아가 버리고
여기저기 빵빵이 돌며 아르바이트를 해도 빚만 늘어가고,
밤 지새며 기계를 돌려도
밤 지새며 산불을 꺼도
좁은 무허가 건물에서
겨우 입을 내밀고 짧은 숨만 내쉴 뿐

인생이라는 악보에는
쉼표도 없고 숨표도 없다

구속과 자유

Error, Error, Error
에라이, 에라이, 에라이
지문이 안 나오다니,
자동출입국 심사대가 나를 거부하다니,
함께 가는 친구 두 명도 같은 처지
셋이 마주 보며 웃는다
돌연한 상실감에 헛웃음 지었지만
돌보지 않은 것이 지문만이 아니다
하나 둘 변해가는 무늬들
얼굴 무늬, 몸의 무늬, 내장의 무늬도 변해간다
연꽃 무늬를 넘어, 아라베스크 무늬, 칼로차 무늬 등등
새로운 무늬를 찾기 위해 여행을 떠나는데
정작 나의 무늬는 지키지 못했다니
더욱 참을 수 없는 건
마음의 무늬까지 얼룩이 심해지는 건지
몸속으로 스며드는 허허로운 가을바람
내가 나를 가두었구나
손가락 병이 다 낫고 나니

지문이 선명하다
동시에 이런저런 무늬들이 눈에 확 들어온다
새롭고 선명한 무늬를 찾기 위해
다시 길을 떠날 것이다

그래도 뻐꾸기는 난다

뻐꾹 꾹꾹 뿌뿌 뿌뿌
소리치는 뻐꾸기 한 쌍
우는 건지 웃는 건지
하루 종일 저리 소릴 질러대도 괜찮은지
소리를 찾아 쫓아가 보지만
눈에 보일 리 없다

종다리 둥지도, 멧새 둥지도, 알락할미새 둥지도 찾지 못했는가
둥지를 지을 줄 몰라서
맡아줄 둥지를 찾을 수 없어서
한숨이 더 깊어진
뻐꾹~꾹꾹~ 뿌뿌~뿌뿌~
안타까운 저 목청

과연 둥지는 있는 것일까
둥지가 없으면 찾아 나서지만
둥지가 있어도 둥지가 아닌 것 같은,

둥지라고 여긴 것이
허허벌판에 스쳐 가는 허공일 뿐
잡으려 해도 절대로 잡히지 않는다

그래도 살아남기 위하여
뻐꾸기는 난다

붉은머리오목눈이 둥지에
낯선 알 두 개 따끈따끈하게 빛나고 있다

극과 극 사이
—그 겨울, 다이너스티

꽁꽁 언 남극 서로 살 맞대고 거대한 원 만들며 얼음 위에서 버티는 펭귄들,
그 사이에서 마지막 온기 모아 알 품는 펭귄 한 마리

꽁꽁 언 북극 먹이 포기하고 허공만 바라보는 북극곰들, 그들을 벗어나 가파른 얼음벽 타고 새 둥지 뒤지는 북극곰 한 마리

강남 클럽 물뽕 필로뽕 주로 뽕뽕거리는 것들에 자신을 내맡기고 수많은 사람들 속에서 먹이를 찾는 하이에나처럼 돌고 돌며 밤을 지새우는 한 사람

그 큰 태안 화력발전소 오직 홀로 돌아가는 석탄 이송 컨베이어벨트 뚫어지게 쳐다보다 벨트에 휩쓸린 한 사람, 구의역 지하철 스크린도어 홀로 수리하다 열차와 영원히 벗하게 된 또 한 사람

엑스터시에 젖는 방법도 가지가지, 목숨을 연명하는 방법

도 가지가지, 오늘은 어느 극으로 나아갈까 남극과 북극이 아무리 멀어도 지구본 한 바퀴 돌리며 여기 어디쯤 북극곰과 펭귄의 발자국이 찍혔을까 손가락 마디만 한 한반도 강남의 좌표, 태안과 구의역의 좌표를 어루만지며 여기 어디쯤 한 사람, 한 사람, 또 한 사람의 발자국이 찍혔을까
진정한 왕조는 어디에 있을까

극과 극 사이에 내가 살아 있다
극과 극 사이에 내가 죽어 있다
극과 극 사이에 우리가 죽다 살다 죽다 살다 죽다 살다

내 발자국 하나 남길 땅도 없다

우주의 샘

내 몸속의 피가 정화되어
폭포 속으로 빠져들어 간다
물의 속도로

내 몸속의 찌꺼기들이
태풍의 눈 속으로 들어간다
바람의 속도로

내 몸속의 영혼들이
블랙홀 속으로 빠져들어 간다
스스로 믿는 신의 비호를 받으며
빛의 속도로

오늘 아침에도
은하계를 돌아 지구에 안착했다
전생부터 현생까지
새하얀 변기 위 우주 기지에

제2부

민들레

잔디밭에 노란 별 하나 떴다

납작 엎드려
우주와 교신하고
내게도 함께 놀자고
찌릿찌릿 전파를 보낸다

어디까지 말할까

무수한 노란 꽃잎 수신기가
두 눈, 두 귀, 두 콧구멍뿐 아니라
온몸을 다 열고 있지만

비밀을 다 말하기엔
입 하나로 부족하다

물의 발

물방울이 세상에 딛는 첫발은 둥글다

비가 내리면
그 둥근 발들이 차창을 두드린다

아무리 세차게 내려도
한결같이 둥글게
동심원을 그리며 뿌리를 내리려 한다

투명한 속 들이밀며
붕어 눈처럼 투명한 눈을 크게 뜨고
내 속을 들여다본다

세상에 뿌리내리지 못해
슬픈 내 마음을 들켜 당황하는 사이
소리도 없이
마음껏 헤엄치고 춤을 춘다

미끄러운 차창에서도 둥근 발로 뭐든지 할 수 있는데
못할 일이 무엇이냐
물방울은 그렇게 내 마음 휘젓다
흔적도 없이 사라져 버린다

무지개처럼

술시(戌時)의 비밀

저녁 7시가 되면
분꽃이 피네

은퇴하고 글 쓰고 책 내고 봉사하며
활짝 핀 선배들의 눈빛처럼
진짜로, 진한, 진분홍, 꽃이 피네

췌장암 투병으로 앙상한 얼굴로
신약(新藥)이 받는다고 쾌활하게 웃는 친구의
솟구쳐 오르는 눈빛처럼
눈물 속에서도
진짜로, 진한, 진분홍, 꽃이 피네

잃어버린 꿈을 쫓아
술시가 되면 술만 찾던 그 눈빛처럼
술시가 되면 술로 채우던 그 시간들이
일찍이 멀리멀리 떠난 후에도
아침마다 대문 위에 활짝 피었던 아버지의 그 분홍 나팔꽃

처럼

마흔 넘어서야 이해되던 그 눈빛처럼
진짜로, 진한, 진분홍, 꽃이 피네
분꽃이 피네

해가 저물어야 비로소
따가운 햇살에 지쳤던
우주만물의 섭리가 깨어나는 것일까

저녁 7시만 되면
내 마음속에도
한 송이, 열 송이, 백 송이, 수만 송이
진짜로, 진한, 진분홍, 꽃이 피네
분꽃이 피네

공양의 의미

진작 왜 이 생각을 못했을까요

운주사 원형다층석탑은
먹음직스러워요
천불천탑(千佛千塔) 먹여 살리기 위해
커다란 빈대떡을 빚어
쌓고 또 쌓았으니까요

하나같이 어딘가 부자연스러운 부처들
똑바로 서지 못하고 비스듬히 선 부처들
눈, 코, 입 삐뚤어진 부처들
몸 한 귀퉁이 떨어져 나간 부처들
제대로 먹고 입지 못해 불쌍한 부처들 먹여 살리기 위해
쌓고 또 쌓았어요

배고픈 사람은 오세요
운주사로 공양하러 오세요
먹성에 따라 원하는 대로 감자떡도 좋고 인절미도 좋고 피

자도 좋아요
아무리 먹성이 좋아도 한 조각이면 족해요

몸이나 마음 아픈 사람도 오세요
귀퉁이 떨어진 만큼, 삐뚤어지고 못생긴 만큼
영혼의 떡이 상처를 어루만져 줄 거예요

진작 왜 이런 생각을 못했을까요

산골짜기마다 넓적하고 둥글둥글 갈고 닦인 돌들이
진리를 담은 영혼의 먹거리가
널리고 널린 것을

갑사(甲寺) 가는 길

갑사 가는 길
소리가 끊임없이 다가온다

한 굽이 돌면
헐벗은 나무들이 우는 소리
마른 잎을 삼키고 물길이 우는 소리
바위들이 바람에 맞아 우는 소리
갑작스레 휘돌아 든 안개의 촉촉이 젖은 눈들까지
여기저기 우는 소리투성이다

또 한 굽이 돌아들면
까치들의 잔칫상 주렁주렁 달린 감들이
어서 가져가라고 깔깔깔 웃고,
다람쥐들의 진수성찬으로 차려진 도토리와 밤톨들이
주인을 기다리며 설렌다고 미소 짓고
여기저기 웃는 소리투성이다

갑사에 다다르면

그리움이 박힌 고목들이 두 줄로 서서
양팔을 벌리고 극락정토 오셨다고
독경 소리에 맞춰
조용하면서도 단호하게 맞아준다

아픔과 외로움으로 굴곡진 이야기들,
오해도, 다툼도,
온갖 악다구니 쳐댄 지난날의 모든 실수들도
소리를 딛고 망각의 강을 건너

웃으라 한다
웃어넘기라 한다
그저 살아가라 한다

영원의 미소

영월 창령사 터에서
천 년 동안 묻혀 있다 살아난 오백 나한들이
나를 향해 웃고 있다
단 하나도 같은 표정 없이
나를 향해 묘하게 웃고 있다

오백 나한 중 겨우 살아난 이들의 미소가 이럴진대
깨지고 부서진 남은 나한들의 표정은 어떨까
누가 강제로 저 미소들을 짓밟았을까

모나리자의 미소도 좋고, 크메르의 미소도 좋지만
우리 와당(瓦當) 수막새 신라의 미소*처럼
친근하고 해탈의 경지에 이른 천태만상 오백의 얼굴
창령사(蒼嶺寺) 아라한(阿羅漢)은
두고두고 영원을 향해 저렇게 웃었으면 좋겠다

이 없이 잇몸으로 사시던 외할머니 얼굴
이제는 가물거리는 아버지 얼굴

이 고생 저 고생 한 많은 어머니 얼굴
이제 회갑이 되어 속없이 웃는 남편 얼굴
까르르 웃는 딸들 얼굴까지도
옆집 아주머니의 상냥한 얼굴까지도
이 사람 저 사람 스쳐 가는 사람까지도 그렇게

이 표정 저 표정 따라 하나 보니
아라한(阿羅漢)이 되었나
거울 속 내 얼굴이 환해진다

---

*신라의 미소: 신라 영묘사 출토 웃는 여자 얼굴 수막새.

노을 뜨다

영흥도 어느 횟집에서는
파라솔 사이로 노을이 뜬다

누가 감히 해를 진다고 하는가?
저 찬란한 바다 위로 노을이 뜨는 것을!

어느 땐 식물이 세상을 지배했다지
쥐라기엔 공룡이 대세를 차지했다 하고
또 한때는 인간이 주인공이었지만
이제는 바이러스가 주인공이 되었다고
이미 그들의 계산법으론
지구를 장악했다고 여길지도 모르지만

저 뜨는 노을처럼
바이러스가 극악을 떨수록
인간들이 기필코 더 강해진다는 것이
새로운 윤회의 법칙이며
새로운 종교의 탄생이다

숫자의 늪

눈을 뜨면서부터
숫자에 매여 산다
몇 시 몇 분인가?

얼마짜리 점심을 먹을까?
얼마짜리 옷을 입을까?
얼마짜리 집을 살까?

얼마짜리 가치인가
연봉 협상을 하고
오늘은 얼마나 걸었는가
발걸음 수를 재며

잘 때도 숫자의 지배를 받는다
몇 시 몇 분인가?

죽을 날을 기다리는 것처럼

소리 공화국

물리치료실은
소리들의 집합소, 촛불 시위장

딱딱딱딱 자기장의 소리 둔탁하게 뼈를 두드리고
끈끈이 액체 위 초음파 기계 스르륵 지나가고
두두두두 안마기 소리 파도처럼 밀려왔다 사라지고
북북북북 전기치료기 살을 두드리고 신경까지 끌어모은다

후후 한숨 소리, 드르릉 코 고는 소리, 타박타박 발걸음 소리, 삐리릭 알람 소리, 드르륵 커튼 여닫는 소리, 도수치료 살과 뼈를 꼬집는 소리, 소리들의 아우성

새로운 유기체들이
새로운 우주로 들어가고
새로운 시민들로 가득 찬다

촛불 시위는 끝났다
승리의 함성 속에서

삐걱거리던 뼈마디가 생기를 되찾고
온몸에 혈이 돌아든다
상념은 사라지고
영혼까지 스며들어 간다
소리, 소리들 속으로

벗어나면 다시 싸움이 시작될지언정!

육추기(育雛期)*

주말농장에 주인처럼 매실나무에 사는
긴꼬리딱새의 육추기(育雛期),
새소리가 시끄럽다
인기척을 느끼고 더욱 요란해진다
하필 농막 가까운 곳에 둥지를 지었을까?

조막만 한 새끼 한 마리가 툭 떨어졌다
자지러지는 소리, 소리

일부러 문을 닫고
자리를 피했다

날지 못하는 새끼 한 마리를
어미 새, 아비 새가
둥지 대신 다른 나무에 옮겨 놓고서야 조용하다

새들도 저렇거늘
어린 제 자식을 죽여 놓고

고의가 아니었다고
발뺌하는 화면들이 클로즈업 된다

생명이 있는 것들은 저절로 익히는 부모 역할,
그것도 모르는 이들을 위해 엄격한 자격증을 주고 싶다
그래도 안 되는 이하의 인간들에게는
인공 육추기(育雛器) 하나씩 안겨 주고 싶다

---

*육추기(育雛期): 조류가 부화한 새끼를 키우는 기간.

그들이 사는 법

캘리포니아 레드우드 국립공원에는
100미터 넘는 세쿼이아 나무들이 빽빽하다
하늘 높은 줄 모르고 자라다 보니
뿌리가 어딘지도 잊어버리고
해무를 먹고 산다

천년을 살다 보면
더러는 잊기도 할 테지

눈만 들면 여기저기 들어선 요양병원에도
사람들이 세쿼이아 나무들처럼
빽빽이 모여
뿌리가 어딘지도 모르고
수액을 먹고 산다
갇힌 밥을 먹고 산다

백년을 살다 보면
더러 잊고 잊히기도 할 테지

해무처럼 수액처럼 새로운 맛을 보며
또 그렇게 그렇게 사는 거지

내 안의 물길
— 물의 나라 4

좁은 땅덩이에
물길이 길기도 하다
9만 6천km, 지구의 둘레, 약 4만km를 두 바퀴 반 길이로
겨우 2미터도 못되고, 100킬로그램에도 못 미치는
몸속을 미로처럼 얽혀 흘러간다

작은 입구로 물과 물자들이 들어오면
자근자근 갈려
이 공장 저 공장에서
에너지를 실어
큰 강줄기부터 아주 작은 도랑,
5미크론밖에 안 되는 가는 물길까지 규칙적으로 돌고 돈다

때론 한 모금의 물이
때론 대용량의 물이 공급되면
긴박하게 돌아간다
팽팽하게 돌아간다

작은 공격에도 붉은 한 방울이라도 쏟아져 나오는 걸 안타까워하지만,
매일매일 무수한 폐수를 쏟아내기도 하므로
끊임없이 새로운 물을 요구한다

거대한 나라,
너도, 그도, 그녀도 바로 거대한 우주 속의 한 나라이다
수만의 물길을 가진 생명체,
매일매일 물을 마시며
이 우주를 잘 보존해야만 한다
물길이 멈추는 그날까지

물의 노래
—앙카라 로마 목욕탕터에서

어지럽다
여기저기 뜨거운 물 찬물 마구 퍼대니
갈 곳이 없다

이 골목 저 골목 쉼 없이 돌아들다 보면
로마인지 오스만튀르크인지 국적도 알 수 없는
수많은 세포들이 내 몸속으로 들어왔다 나가고
그들은 수시로 분열을 일으켜 새로운 물길을 만든다

돌과 돌 사이사이, 깊게 패인 웅덩이 사이사이
물소리가 콸콸 울려 퍼진다

앙카라 시내 한복판
사방이 높은 건물들로 둘러싸인 거대한 언덕 위에
앙상한 주춧돌들 제멋대로 누워 있고
대리석 기둥들도 아름다운 조각들도 아무렇게나 널브러져
자리만 지키고
찾는 이도 없고 초록 잔디만 무성하다

수로를 따라 흘러가던
세포들이 오늘 이 자리에 말라붙었어도
유럽과 아시아의 물이 함께 흘러
귀족의 때와 노예의 때가 공존하는 수로(水路),
그 때들이 떼를 지어 앙카라 시내 곳곳을 흘러다니다
이제는 푸른 하늘 배경으로
사방 아파트와 고층 건물 사이사이로
여전히 새로운 물길을 뚫고 있다

저 높은 앙카라 성에서 내려다보는 것만으로도
세상의 찌꺼기란 찌꺼기는 다 정화되어
새로운 영혼을 얻을 수 있으리라

어제의 나보다 내일은 더욱 나아지기를 갈망하며
깨진 대리석 조각 위에 앉아
오후 세 시의 태양 아래
새파란 하늘을 마신다

틈, 틈, 틈

산꼭대기 바위에 뿌리내린
사철 푸른 소나무
눈에 보이지 않는 틈도 찾아내지
공간을 넘어서는 그 틈을

24시간이 모자라게 몰아치며 사는 사람은
일 초의 틈이라도 찾아내지
시간을 넘어서는 그 틈을

틈은,
절박한 자에게만 보이지

너와 나 벌어진 틈 사이에서
죽을 듯 괴로워할 필요는 없지

시공을 초월한 그 틈이
어딘가 있을 테니까

제3부

목련의 방

비밀의 방
문이 열렸네

사르르
문이 열리면
새하얀 타지마할의 거대한 속살이 보이네

살아 있음과
떠남이 공존하는
거대한 타지마할의 속살이
찰나에 나부끼네

삶도 죽음도 갈라놓지 못한
눈부신 사랑이
영원히 되살아나네

알고리즘

알고, 고리를 연결하는가

SNS의 바다에는 추천글, 추천인, 추천상품이 수없이 날아들고
원하지 않는 미끼들도 시도 때도 없이 쏟아진다
철없는 물고기가 덥석 물기만을 바라며……

과연 너와 나의 고리는 무엇인가

봄, 소쩍새 울음소리에 피를 토한다는 진달래꽃인가
여름, 뻐꾹새 울음에 화답하는 붉은 장미꽃인가
가을, 기러기 부대 환하게 반겨주는 노란 은행잎인가
겨울, 청둥오리 날아다니는 호숫가의 눈부신 눈꽃인가

아무것도 보이지 않아도
이름으로 기억되기도 전에
한순간의 짜릿한 감동을 위해 견뎌온 숱한 시간들이
어느 날 하품하며 늘어질 때

수도꼭지를 틀듯
쏟아지는 그 무엇, 무엇, 무엇들!

잠시라도 물을 떠날 수 없는 나 그리고 우리는
아가미가 팔딱팔딱 뛰는 싱싱한 한 마리 물고기,
기웃기웃 파도 타며 떠돌다
닿을 듯 말 듯 쌩쌩 달아나야 한다

무연(無緣)이 사연(事緣)이 되고 인연(因緣)이 되는
필연(必然)의, 그 위대한 만남을 위하여

시나나빠

페이스북에 화가 시인*이 그린
미루나무와 유채꽃 몽환적인 그림을 보고
꽃보다 아픈 맛이 생각난다

대구에서 엄마가 담가 주신 시나나빠 봄김치
예천에서 할머니와 먹던 삼동초 나물무침
지금 서울에서 내가 해마다 김치도 담그고 나물도 무친다
어떤 친구는 하루나라고 우기고
어떤 친구는 지름나물이라고 우기는
그 이름 유채

전국에서 봄만 되면 지방마다 수만 평씩 물결 쳐서
사람들이 떼 지어 몰려드는 바로 그 유채꽃이지만
나에겐 그저 꽃 볼 틈도 없이 연둣빛으로만 살아 있는
시나나빠!

시나나빠 가시나 나빠 시나나빠 가시나 나빠
그렇게 놀던 기억 속 연둣빛 유채 사이로

어릴 적 잠깐 살았던 고향 방앗간 옆
키 큰 미루나무들이 자꾸자꾸 손짓한다

고향을 떠나, 제2의 고향도 떠나, 제3의 고향에서
그렇게 시나나빠를 먹는다
상큼한 봄맛, 상큼한 나의 유년을 먹는다
잊고 산 나의 뿌리라도 찾은 듯이

---

* 최서림 시인의 그림.

껍질의 미학

〈한국인의 밥상〉에서
껍데기로 만든 음식들이 나온다

수박, 참외 껍질부터
돼지 껍데기, 소 껍데기가 주목을 받고,
각종 동물의 털이나 가죽은 비싸기도 하거니와
오래오래 흔적을 남긴다

동식물이 다 그렇다

어릴 적 어머니가 방앗간에서 남은 밀 찌꺼기로
수없이 만들어 드셨다던 밀기울 떡의 까칠한 촉감도,
술 거르고 남은 술찌끼 짜내어 부풀리면
부드럽던 찐빵의 촉감도
이제는 부드러운 인절미보다 그립다
알곡으로 만든 것보다 귀한 추억의 맛이다

양파도 붉은 껍질만 달여 먹으면 성인병 예방에 특효라고

비싼 값으로 따로 판다
양파껍질로 차를 달여 마시면
온몸을 타고 흘러 혈액을 정화시킨단다

버리기 쉬운 껍질이 속을 품은 진짜일 수 있고,
겉은 속의 건강함을 재는 척도,
세상 무엇 하나 버릴 게 없다

모래시계

유리병 속의 순간들이
또 다른 공간 속으로 낙하한다

1분짜리, 3분짜리, 5분짜리, 10분짜리
또 다른 투명 병 속으로 그렇게 흘러간다

정동진 바닷가 1년짜리 거대한 투명 병 속에서도
어김없이 모래알이 흘러가고 있다

내 몸속의 모래알 같은 세포들도
또 다른 내 속으로 그렇게 흘러갈 것을

시공이 달라지면
시간도 달라진다는데
뭐가 그리 급하다고 허둥지둥 사는 것일까

나는 몇 년짜리 모래시계일까

겨우살이

한겨울 앙상한 가지 위
새들이 먹고 배설해 준 덕분에
겨우살이가 겨우, 안착했다

도시 변두리에서
얇은 벽으로 스며들던 냉기
문틈 사이로 태풍처럼 몰아치던 칼바람에
기침을 달고 살아 새빨간 볼이 싫었던
그런 겨우살이

씨앗을 힘겹게 접착시키듯
달고 또 달았던 문풍지처럼
열심히 살았지만
미처 몰랐다
가난을 탓하고 원망하며
아버지, 어머니의 꿈을 파먹고 살았던 것을

누구나 그렇게 어딘가에 빌붙어 기생하며 산다

연(蓮)과 연(然)과 연(緣)과

칠월의 모진 땡볕을 이고서도
오는 이마다
거대한 초록 잎들마다
복 한 바가지씩 퍼주고

눈부신 백련
가지런한 치아 눈부신 치아로
입을 활짝 벌리고
뜨거운 열정을 퍼주고

앙다문 꽃봉오리
샛노란 꽃술 늘어뜨리고
황금빛으로 익어간다

그렇게
그렇게
사는 거라고

아무리 피폐한 영혼들에게도
웃으며, 웃자며, 웃어버리자며
가슴 설레는
새로운 인연을 위하여 살라고

진흙탕 속에서
해탈하고 있다

신호등 앞에서

빨간 신호등이 켜지자
봄빛 실버타운 차가 멈춘다
봄 풍경 그림 속 미니버스 가득 채운 승객들이
새봄 맞은 아기들처럼 환하게 웃고 있다

빨간 신호등이 켜지면
빨간 심장이 멈추고
어느 여배우처럼, 어느 여가수처럼
아버지처럼
영원히 돌아오지 못할지도 모르는데
저렇게 환하게 웃고들 계시다니

이름 참 잘 지었네
영원한 봄, 봄, 봄
초록 빨강 초록 빨강
마음대로 깜빡깜빡 살 수 있다면

오늘은 그저 봄이다!

초록 신호등이 켜지자

실버타운이 붕~

봄 햇살 속으로 날아간다

바다바라기

호텔, 펜션, 모텔, 민박집들이
목을 늘어뜨리고 오직
바다, 바다, 바다
그저 한 뼘이라도
바다만 보인다면 만사형통, 값도 천정부지로 치솟는다

바닷가 나무들도 모두 바다만 바라본다
바다지킴이 소나무는 이름도 바꾸면 좋겠다
바다나무라고

바닷가 사람들은 더 지독하다
바라보다 못해
바다 위를 맴돌고 하늘까지 닿을 듯 안달복달,
샅샅이 헤집어 바다의 속살까지 가만두지 않는다

전국에서 몰려드는 바다 사냥꾼들
아침엔 일출, 대낮엔 파도, 저녁엔 일몰
시시각각 변하는 바다 빛깔에 반하고

한밤중엔 불빛을 탐하여 펑펑, 불꽃을 쏘아 올린다

비가 오면 오는 대로
눈이 오면 오는 대로
바다만 있으면
누군가 이 세상을 떠나버려도
웃으며 의연히 버틸 수 있다는 듯이

바다가 보약이다

코로나 강물은

금강휴게소 강물이 꽁꽁 얼어붙었다

겨울 강은 이제 강이 아니다
꽁꽁 얼어붙은 강물 위론 사람들이 머물다 가고
바람도 눈도 머물다 가지만 범할 수 없는 벽이 쌓인다

꽝꽝 얼어붙어도 겨울 강은 흐른다
시간을 따라 흐르고
물고기들은 조용히 숨을 고른다

코로나 강물도
순식간에 겨울이 오고 빙하가 오듯
거대한 얼음 벽이 쌓였다
길이 막히고, 입과 코가 갇히고, 일상이 무너지고
추억들마저 거대한 냉동고 속에 갇히고 말았다

그래도 강물처럼
시간이 흐르고 나도 흐른다

머무는 것도 흐르는 것도 동시에 일어나는
겨울 금강 속으로 기를 모아 유유히 흐른다
조용히 숨을 참는 물고기와 같이
새봄은 기필코 오리라 믿으며

벤치가 되고 싶다

아무리 세파에 시달리다 지쳐도
함께 나란히 쉴 수 있는
벤치가 되고 싶다

혼자서 앉아도 되고
둘이 혹은 셋, 넷, 다섯도
아무나 엉덩짝 들이대면 앉을 수 있는
그런 긴 의자가 되고 싶다

피 터지게 싸우다가도
담담하게 얘기 나누다 보면
도망가던 마음도 돌아오고
꺼져가던 사랑도 살아나는
그런 벤치가 되고 싶다

마주 보지 않아서 좋고
같은 곳을 바라볼 수 있어서 좋은

전화번호부

준비도 없었는데 그가 갔다고
생각지도 못했는데 그녀가 떠나버렸다고

그녀가 울고
그도 울고
나도 울었다

꽃다운 조카도 올케도
멋진 시인도 다정한 언니도
이미 들을 수 없는 음성인데
차마 지우지 못한 이름

누군가를 삭제하고 보니
오히려 그들에게
내가 삭제되었다는

아,
어쩌면 삶보다 죽음이 더 편할지도!

터널

깜깜한 터널을 지나며
당신을 생각합니다

깜깜한 게 싫어서
평생 불을 켜야 편안한데
터널이 당신이었음을
수십 년이 지난 이제 와서야
생각이 날까요?

당신도 그 긴 터널을 빠져나오느라
얼마나 몸부림쳤을지를

하나를 지나고 밝은 세상이 나오는가 싶으면
또다시 들어가는 터널

이 터널이 없었다면
나의 여정도 없었겠지요?

결국 인생이라는 목적지에 다다르려면
필요악이었던 것을

터널 지나니 환한 길이
여름을 알려줍니다

거꾸로 가는 기차

겨우 한 자리 난 표를 구해서
급히 타고 보니
풍경들이 거꾸로 지나가네

방향은 서울인데
집도 나무도
희끗희끗 잔설들도
다가오지 않고 지나가네

시간도 덩달아 거슬러 올라
30대로 20대로 10대로
유년 시절 추억의 금호강도
모두 거꾸로 흘러가네

거꾸로 흘러야만 떠날 수 있는 곳,
고향이네

제4부

반영(反影)

고요한 해변
좀도요새 비친 사진을 보니
심장이 딱 멈추고
그 속으로 들어가고 싶다

조금만 바람이 불어도
흐트러지는 내 마음노
둘인데 하나인 듯 고요한 저 새처럼
평온해질 수 있다면……

물결 따라
살짝 물결치는 그 모습 그대로
내일을 반추한다

잊고 살던 나의 이데아
반영(反影) 속에서 새로운 꿈을 꾼다

어땠을까, 어땠을까

미륵산 정상에서 굽어보는 물길, 물길
섬, 섬, 섬
그리고 사람, 사람, 사람, 사람
500년이 지나도 모두 그대로인데
1592년에 태어났으면
어땠을까, 어땠을까

이순신 장군이 안 계셨으면
어땠을까, 어땠을까

임진왜란
숱한 시기와 질투에도 불구하고
장수부터 민초까지 하나 되어
피땀으로 목숨 걸고 지킨
저 섬, 저 바다에 힘차게 살아가는 사람들

아직도 이쪽저쪽 싸우는
남과 북 그리고 또 동과 서

그때도 태평성대라 우겼는데
지금은 반쪽짜리 나라에서
또 반쪽으로 찢어발기는 데도
우리만 모르고 있는가

누가 진짜 이순신인가
누가 가짜 이순신인가

그저 돌고 돌아가는 저 파도,
저 물결처럼
하나 되어 흘러가기만을

미래형 화수분

12시가 되면 신데렐라의 구두는 사라지지만
자정이 되면 핸드폰 게임이 매일매일 수십 개씩 생긴다
하루의 피로가 극도로 쌓이는 시간이
손바닥 세상엔 환상 속 기쁨으로 와르르 쏟아지고
새로운 희망이 생기는 시간으로 변한다

미끼를 물다 보면 극심한 유혹에 빠질 수도 있지만
애걸하지 않아도 새로운 기회가 퐁퐁 샘솟으니
적당히 바라보는 법만 터득하면 더없는 행복의 샘
취업 준비도 잊고 박봉에 빵빵이 도는 시간의 벽도 허물어
진다

알고 보면 우리가 잊고 살지만
매일매일 자정이 되면 24시간이 샘솟는다

사랑도 그렇다
매일매일 사랑이 끝없이
새로 밀려드는 것도 모르고

그저 방황할 뿐

너는 도대체 어디에 있냐고!

다다다 손가락을 빛의 속도로 누르며
게임 한 판,
또다시 시작이다

삶의 무게

누군가는 무겁다 하고
누군가는 가볍다 하고

누구 말이 맞을까?

내겐 버겁기만 한데

방석의 형태를 보면
그 답을 알 수 있다

시간의 사슬

언제나 시간에 쫓겨 산다

신호등이 바뀌길 기다리는 동안에도
애간장이 탄다

출근 시간이 30분 일러도
마음은 늘 조급하다

도대체 나는
무엇을 잘못한 걸까?

미니멀리즘

그저 까만 얼룩에 지나지 않았는데
꿈틀꿈틀, 가는 실들이 움직인다
까만 머리 하나씩 달고

먹이를 포착하면 순식간에
수억 개로 불어나는 곰팡이들
세상 점령이 별거 아니다
현미경 속에서는

뿌리, 줄기, 잎이 없어도
꽃 피지 않아도 열매 맺지 않아도
가는 실 하나면
어디든지 살아갈 수 있으니

사방팔방으로 손발을 내밀고
온갖 레이더를 동원하여 세상 관심사에
촉수를 곤두세우던
물욕, 성욕, 명예욕, 하다못해

오만 가득 찬 눈빛까지

누군가 나를 수십 배 수백 배 수천만 배
렌즈로 샅샅이 살피고 있다는 것을 잊고 살았다

가득 찬 장롱 속
넘치는 싱크대 속 냉장고 속
내 몸속 내장 속 욕심들까지
비우자, 비우자

내게 주어진 영양분을 섭취하여
단순하게 선명하게
렌즈 속으로 들어가자

겨울나무

겨울엔 나목(裸木)들이 기호를 쓴다
초록 껍질, 울긋불긋한 껍질 모두 허물 벗고
이런저런 기호를 쓴다

쭉쭉 뻗은 몸통은 자신을 내놓고
하늘 향해 팔 벌린 굵은 가지도 저마다 무언가 외친다

이리저리 얽힌 잔가지들은
ㄱ ㄴ ㄷ ㄹ
ㅏ ㅑ ㅓ ㅕ
함께 힘을 모아 무한대의 기호를 만든다

암호 해독은 누가 할까

마음을 열고 마냥 들여다보아도
알 수가 없다

세찬 바람에도

두툼하게 쌓인 눈꽃이 버거워도
사랑은 계속된다는 것일까

월송정(越松亭)*

옥빛 소나무들이 줄지어
바다에 빠져든다
풍덩풍덩

옥빛 하늘이
바다에서 솟아오른다
불쑥

새하얀 모래밭을 달려온 하얀 파도를 맞으며
옥빛으로 물든 내가 바다를 먹는다
꼴깍

평해 황가(黃家) 시조(始祖)가 떠돌다
옥빛 바다에 취해 배를 대고 자리 잡았듯이
화랑(花郎)들과 시인 묵객(墨客)들을 불러
온종일 신나게 먹고 놀다가
밤을 부른다

은빛 바다가 달을 낳고
은빛 달은 바다에 누워
둥둥 떠다니며
파도와 논다
나도 은빛 물거품이 되었다

바람과 나와 시(詩)가 하나가 되었다

*월송정(越松亭): 경북 울진 평해 바닷가에 있는 정자. 관동팔경의 하나.

휘파람새

그의 목에서
휘파람 소리가 난다
기침 가래 동반하여
새벽마다 콜록이던 할머니의 목에서 나던
바로 그 소리

휘파람을 잘 불고 싶어
입을 한껏 오므리고 내려고 해도 잘 안 나던
그 휘파람 소리가
이제 저절로 목에서 난다고

피를 토하듯 잦아들던 기침 사이사이
휘파람 소리를 낸다

앙상해진 체구만큼
작은 휘파람새가 된 그가
잠시 웃고 있다

숏폼의 시대

줄임, 또 줄임의 시대
요약의 시대
건너뜀의 시대
말을 줄이더니
이젠 숏폼의 시대

롱, 롱
롱런의 시대는 끝났니?

말도 생각도 동작도
그렇게 건너뛰다 보면

인생도
건너뛰게 될까 봐
차마
몸피도 못 줄이고 있는 나는

백접초
—바늘꽃

하얀 나비 한 쌍이
발길을 붙들고 길을 붙잡는다

금호강 둔치에서
나폴나폴 시간을 데려온다

천진하게 뛰어가면
무수히 달려들면 도깨비바늘처럼
하늘하늘 나부끼는 코스모스 씨앗처럼
단숨에 과거를 붙잡고

꽃 진 자리마다
콕콕 찌를 바늘 한 쌍 거두어
한 치 앞도 알 수 없는 불확실한 미래를
꽁꽁 꿰매려고 예쁜 실 아롱거린다

이제 나비는 보기 힘든
꿀벌들만 가득한 꽃밭에

하얀 나비들 날개 사이로
시간의 무지개
피어오른다

꽃이 새가 되는 시간

훠이이 봄바람에 꽃비 내리면
벚꽃은 낱낱이 부서지고 흩어진다

그윽한 향기도
낭창낭창 흐르던 다섯 꽃잎의
우아한 자태는 사라져도
새로운 몸이 생긴다

더 이상 떨어질 걱정도 없이
그리운 나무 밑에서
기다란 띠 모양 꽃무덤이 생긴다

꽃무덤은 바람 따라 춤을 추며
마음대로 모습을 바꾸고
바람 따라 훨훨 날아간다

꽃이 진다고
세상이 끝난 것이 아니다

새 세상을 위한
아름다운 비행을 한다

쇠뜨기 이야기

쇠뜨기는 하늘을 쓱쓱싹싹
부지런히 청소한다
새파란 하늘 하얀 구름이 보일 때까지
그 작고 연약한 빗자루로
부지런히 청소한다

한 치의 흐트러짐도 없이
초록 빗자루 잎을 한껏 곤두세우며
몸을 쭉쭉 뻗으며
누가 뭐래도 하늘 쪽으로만 향한다
덕분에 남들 곁가지 뻗을 동안
쑥쑥 자라 꽃밭을 점령한다

똑똑 잘 부러지는 줄기도
제거될 그날을 대비한 생존전략,
연약한 줄기는 꺾여 나가도
뿌리는 그대로 떡 버틴다
일주일 뒤면 또 새순이 나올 테니까

꽃들이 아무리 기를 써도
초록 빗자루 든 쇠뜨기는
하늘을 부지런히 청소하며
독야청청 꽃밭을 지킨다

강한 것보다
연약한 것이 오래 살아남는다

꽃의 정서

꽃봉오리로 곱게 입을 다물고 있으면
향기가 좋고
활짝 피어 입을 열면 보기가 좋지만
열매를 맺어야 비로소
꽃의 사명을 다하듯이

긴 세월
꽃을 피운 사람이야말로
무언가를 남겨야 하는 것일까

인구절벽이라고
이런저런 대책을 내놓는다고
맘대로 되는 걸까

냉소적인 사람들의 비웃음이 사라지려면
꽃을 피울 환경이 만들어져야 한다

해설

거꾸로 보는 일상의 세계

우대식(시인)

황경순 시집 『꽃이 새가 되는 순간』을 읽으며 생각하게 된 것은 시를 포함한 예술이 지향하는 가장 중요한 지점 가운데 하나는 세상 혹은 사물을 거꾸로 보고자 한다는 사실이다. 여기에는 이미 확정된 사실이나 과학의 이름으로 규정된 숫자로는 인간의 궁극에 도달할 수 없다는 절실함이 내포되어 있다. 그러나 거꾸로 보는 것은 그리 쉬운 일이 아니다. 그것은 일상에 대한 인식의 배반을 요구받기 때문에 정작 예술가 자신이 보편적 일상으로부터 소외되거나 누락되기 일쑤인 까닭이다. 황경순 시인은 적어도 자신이 살아가는 세계의 보편성에 대해 많은 질문을 던진다. 그리고 그 질문 또는 질문에 대한 자신의 답이 시의 형식으로 드러나는 경우가 많다. 그러니 이

경우 시는 세계에 대한 탐구의 한 형식인 셈이다.

미용실에서 거울을 보면
시간이 거꾸로 간다
숫자도 거꾸로
방향도 거꾸로

그래서 그런지
미용사의 가위질에
내 얼굴도 거꾸로 젊어진다

안양천 둔치 1,000미터 트랙에서도 그렇다
사람들이 모두 반시계 방향으로 도는데
나 혼자 시계 방향으로 돈다

그래서 그런지
엉덩이만 보이던 사람들의 뒷모습에서는
결코 볼 수 없었던
사람들의 표정을 볼 수 있다

상투적인 습관을 탈피하면
새로운 세상을 만날 수 있다

—「거꾸로 보는 세상」 전문

시적 화자는 미용실에 앉아 거울을 통해 세상을 바라보고 있다. 모든 것이 거꾸로 움직이는 세상을 발견한다. 심지어 얼굴마저도 젊어진다. 그 도원경의 세계에서 한 발 더 나아가 "안양천 둔치 1,000미터 트랙에서도 그렇다/사람들이 모두 반시계 방향으로 도는데/나 혼자 시계 방향으로 돈다"고 고백하고 있다. 사람들과 반대 방향을 돌았을 때 "사람들의 표정"을 볼 수 있다는 발견이야말로 거꾸로 세상을 바라본 것에 대한 값이다. 황경순 시인은 거꾸로 세상을 본다는 것과 관련하여 합리라는 이름으로 가정된 숫자에 비판적 시선을 보여주고 있다. 그에게 일상의 모든 것들은 "얼마짜리 점심", "얼마짜리 옷", "얼마짜리 집"(「숫자의 늪」) 등과 같이 숫자로 가치를 부여받는다. 이에 대한 비판적 시각은 숫자로는 삶에 대한 가치를 측정할 수 없다는 인식이 뒷받침되어 있다. 합리로 가장된 일상과 숫자는 우리로 하여금 그에 준하는 행위와 값을 요구하게 된다. 그러나 황경순은 근본적으로 이에 동의하지 않는다. "슬픔의 각도기로 잴 수만 있다면 꼭 그만큼만 슬퍼할 수 있고 꼭 이만큼만 슬퍼하라고 위로할 수도 있"(「슬픔의 각도」)기를 바라며 슬픔은 측량할 수 없다고 선언한다. 수치화되지 않는 인생의 비의들에 대한 탐구가 시적 탐구가 되는 셈이다. "상투적인 습관을 탈피하면/새로운 세상을 만날 수 있다"

는 진술은 관념적이기는 하지만 세계를 바라보는 시적 화자의 시선을 독자에게 제공해 주는 것이라 할 수 있다. "거꾸로 흘러야만 떠날 수 있는 곳/고향이네"(「거꾸로 가는 기차」)에서 알 수 있듯이 거꾸로 본다는 것, 거꾸로 간다는 것은 상투적 습관을 폐기하는 일인 동시에 고향으로 상징되는 최초의 세계 혹은 회복할 수 없는 유토피아에 대한 동경이라 할 수 있다. 상투성의 극복과 최초의 세계에 대한 지향은 이 시집 전체를 규율하는 두 개의 틀을 형성하고 있는데, 그것은 규정된 사물성에 대한 비판과 최초의 근원에 대한 희구를 담고 있다.

잔디밭에 노란 별 하나 떴다

납작 엎드려
우주와 교신하고
내게도 함께 놀자고
찌릿찌릿 전파를 보낸다

어디까지 말할까

무수한 노란 꽃잎 수신기가
두 눈, 두 귀, 두 콧구멍뿐 아니라
온몸을 다 열고 있지만

비밀을 다 말하기엔
입 하나로 부족하다

—「민들레」 전문

인용 시에서 형상화한 민들레는 우리가 일상적으로 알고 있는 민들레의 의미와는 전혀 다른 층위를 보여준다. 민들레의 실체는 "노란 별"이며 "우주와 교신하고/내게도 함께 놀자고/찌릿찌릿 전파를 보"내는 역동적인 존재이다. 벤야민에 의하면 현대 사회에서 이름이란 더 이상 사물의 본질을 말해주지 않는다. 현대의 언어는 주어와 술어로 구성되어 있지만 아담의 언어 즉 최초의 언어는 사물의 본질을 그려내도록 이름하였기 때문에 술어가 없어도 직관적 이해가 가능한 언어라는 것이다. 또한 자본주의적 생산체계에서 언어는 사물의 고유성을 상실시키고 전달 수단으로 전락시켰다는 것이다. 결과적으로 사물의 개별적 고유성은 망각되고 사물의 정신적, 언어적 본질은 부정되었다. 시를 포함한 예술이란 사물의 고유성을 회복하고자 하는 몸부림이라 할 수 있다. 현대 예술이 난해한 이유도 여기에 있을 터이다. 민들레는 두상화서(頭狀花序)의 특징을 가지고 있다. 즉 여러 개의 낱꽃이 모여 겹꽃을 이루는 형상을 하고 있으며 이 노란 낱꽃을 시적 화자는 우주와 교신하는 "수신기"로 형상화하고 있다. 이럴 때 "민들레"라는 이름으로 의미하는 일상의 언어는 더 이상 기능하지 않는다. 즉 벤야민이 말하는 아담 언어를 회복하고자 하는 욕망을 보여주는 것이며 사물의 개별성을 회복하는 일이기도 하다. 이제 민들레는 그냥 꽃이 아니라 우주와 소통하여 그 비밀을 담고 있는 사물인 것이다. 같은 맥락에서 "사르르/문이 열리면/새하얀 타지마할의 거대한 속살이 보이네"(「목련의 방」)와 같은 비유적 표현도 상투적 인식을 넘어서 목련의 사물성을 회복시키고자 하는 시적 화자의 욕망에서 비롯되었을 터이다. "물방울이 세상에 닏는 첫발은 둥글다"(「물의 발」)는 표현도 감각적 사물 인식을 보여준다. 황경순 시인이 이러한 감각적인 사물성을 인생의 비의를 드러내는 비유물로 구사하여 강력한 우화적 성격을 보여주는 사례가 여러 편이다.

염낭거미 행동 개시
드디어 때가 왔어요 기나긴 방황을 마치고
처음이자 마지막 집
나만의 집을 지을 때가 왔어요

저기 살짝 접힌 벼 잎에
새하얀 거미줄, 수만 겹의 거미줄로
가장 정교한 은신처를 만들어야 해요
이제 아무것도 필요 없어요 사랑도 욕심도 먹는 것도 부

질없어요

그저 완벽한 집중만이 필요해요
오직 알들의 부화를 위해 천적을 염탐하기 위해
튼튼하고 투명한 집을 지어요 지어요 지어요

정말로 때가 왔어요
한 마리 한 마리 알들이 깨어나요
나의 분신들이 깨어났어요

이제 최후의 만찬으로 가장 투명한 집이 될 시간
애들아, 나를 투명하게 해다오
단 한 모금의 체액도 남기지 말고 내 몸을 먹어다오
진정 투명한 나의 집을 완성해 다오

장엄한 최후로,
너무나 투명한 집, 투명하다 못해 흔적도 없는 집
새끼들도 모두 떠난 빈집이 완성되었어요

자식을 죽인 애비, 애미가 고개를 빳빳이 쳐들고 웃는 화면을 보며
쪽방에서 50도 육박하는 염천에 젖을 물리며 부채질하는 화면도 보며

염낭거미 한 마리가

벼 잎 한 장에 간들간들 투명한 집을 짓고 있어요

—「투명한 집」 전문

염낭거미의 "마지막 집"이란 긴 식물의 잎으로 3면을 말아 만든 나뭇잎 주머니 모양의 산실을 말하는 것이다. 어미 염낭거미는 그것을 둥글게 감싼 후 한쪽에 덮어두고 새끼가 태어나기를 기다린다. 어미는 새끼가 알집 밖으로 나와 다시 탈피할 때까지 산실에서 기다렸다가 그대로 새끼들의 먹이가 되는 것이 일반적이다. 따라서 "나만의 집"이란 새로운 생명의 탄생과 희생적 죽음이 공존하는 장소인 셈이다. "이제 아무것도 필요 없어요 사랑도 욕심도 먹는 것도 부질없어요"라는 단정적 어조는 새로운 생명에 대한 강렬한 욕망을 보여준다. 거미의 입장에서 사랑, 욕심, 먹는 것은 살아오면서 욕망했던 최상의 가치라 할 수 있다. 세속적 모든 욕망이 거세된 몸속에서 새끼들에 의해 완성되는 "투명한 집"이란 강력한 희생의 실재이며 비유물인 것이다. "진정 투명한 나의 집을 완성해" 달라는 간절한 희구는 이제 인간의 삶과 연결되어 우화적 성격을 띠게 된다. 끝없이 자식들을 위해 내어주는 부모의 모습은 "단 한 모금의 체액도 남기지 말고 내 몸을 먹어"달라는 어미 거미의 간절한 소망과 겹쳐지며 시적 울림을 만들어내는 것이다. 새끼가 다 먹고 남은 집이란 사라진 어미의 육체이며 그것은 동시에 새끼의 육체라는 점은 매우 의미심장하다. 죽음의 길과 삶의 길이 동시에 펼쳐지는 이 국면은 "장엄한 최후"이며 "진정 투명한" 집의 완성을 의미한다. 마지막 연에서 염낭거미의 습성과 인간의 두 양상을 언뜻 그리고 있는데 이는 우화적 성격의 교훈을 내포하고 있다. 부모로서 어떠한 삶을 살아야 하는가 하는 문제의식을 독자들에게 던져주는 것이다. 이렇듯 이번 시집에는 우화적 성격의 시가 여러 편 실려 있다. "날지 못하는 새끼 한 마리를/어미 새, 아비 새가/둥지 대신 다른 나무에 옮겨 놓고서야 조용하다//새들도 저렇거늘/어린 제 자식을 죽여 놓고/고의가 아니었다고/발뺌하는 화면들이 클로즈업 된다"(「육추기(育雛期)」)와 같은 시에도 동일한 시적 인식을 볼 수 있다. 조류가 부화한 새끼를 키우는 기간을 뜻하는 육추기를 인간에게 안겨주고 싶다는 시적 화자의 욕망은 분노에 가까운 감정이라 할 수 있다. 이것은 인간 사회의 부조리한 단면에 대한 비판적 시각이며 어떻게 살아야 하는가 하는 것에 대한 성찰을 요구하는 것이기도 하다. 「그늘이 사는 법」이라는 시에서도 오래된 세쿼이아 나무들을 보며 요양병원에서 갇힌 밥을 먹고 사는 노인들을 떠올린다. 우화적 성격을 통해 세계에 대한 이해를 확장시키고 있는 것이다. 특이한 것은 시적 방법론으로서 자주 등장하는 것이 선경후정의 방식이라는 사실이다.

아무 생각 없이 달리다
한 모퉁이 돌아드는데
눈앞에서 갑자기 뭐가 번쩍 한다
급히 브레이크를 밟았지만
이미 늦었다

살다 보면 이런저런 과속투성이다
아차 하는 순간
섣부른 행동으로 벌어진 사태들
주워 담을 수 없는 경솔함들

사랑도 그렇다
아무 생각 없이 살아가다
한 모퉁이 돌아드는데
어느 날 갑자기
훅 들어오는 그놈의 사랑
브레이크를 밟았을 때는
이미 늦은 것이다

단속에 딱 걸린 것처럼
번쩍 번쩍
머리 가슴 온몸이 감전되고 만다

에고, 중상이다!

과속위반이야 카메라에 찍힌 그 속도만큼
벌금만 내면 깔끔한데
사랑은 찍힌 속도도 없고
벌금을 매길 수도 낼 수도 없으니
도대체 어떻게 처리할까?

안절부절 밤이 길다

—「과속단속카메라」 전문

황경순 시인의 경우 사물이나 사건 혹은 일련의 국면을 포착하여 그에 대한 자신만의 독특한 해석을 시적으로 형상화하는 경우가 많다. 갑자기 나타난 과속단속카메라에 자신의 차가 찍힌 사건을 그저 있을 수 있는 일상으로 돌리지 않고 새로운 의미를 부여하여 사랑의 의미를 재해석하고 있다. "어느 날 갑자기/훅 들어오는 그놈의 사랑"이 마치 과속단속카메라에 찍힌 차의 형상으로 그려지는 것이다. 차량이나 사랑 모두 속도를 위반하다 카메라에 찍힌다는 사실은 동일하다. 그러나 "사랑은 찍힌 속도도 없고/벌금을 매길 수도 낼 수도 없으니/도대체 어떻게 처리할까?"라는 물음이야말로 이 시의 문제의식이라 할 수 있다. 이렇듯 제시된 사물이나 사건의 유사성과 차이점을 통하여 자신의 관심사를 드러내는 형상화 방식은 전통적인 방식으로서 선경후정의 구조와 유사성을 보여준다. 「금선탈각(金蟬脫殼)」이라는 시에서도 탈각된 매미의 껍질을 보며 인고의 세월, 새로운 꿈, 시(詩)로 그 상상력을 전이시키고 있다. "산꼭대기 바위에 뿌리내린/사철 푸른 소나무/눈에 보이지 않는 틈도 찾아내지/공간을 넘어서는 그 틈을"(「틈, 틈, 틈」)에서와 같이 바위틈을 비집고 살아가는 소나무의 형상에서 인간의 의지를 읽어내는 방식들은 시인의 일상에 대한 관찰에서 비롯되는 것이다. 사실 시는 먼 곳에 있는 것이 아니다. 그러한 점에서 일상에 대한 관찰을 토대로 한 시적 형상화 방법은 나름의 의미를 가질 수 있을 터이다. 이 시집의 표제시 「꽃이 되는 순간」은 이 시집의 정점에 서 있다고 할 수 있다.

> 훠이이 봄바람에 꽃비 내리면
> 벚꽃은 낱낱이 부서지고 흩어진다
>
> 그윽한 향기도
> 낭창낭창 흐르던 다섯 꽃잎의
> 우아한 자태는 사라져도
> 새로운 몸이 생긴다

더 이상 떨어질 걱정도 없이
그리운 나무 밑에서
기다란 띠 모양 꽃무덤이 생긴다

꽃무덤은 바람 따라 춤을 추며
마음대로 모습을 바꾸고
바람 따라 훨훨 날아간다

꽃이 진다고
세상이 끝난 것이 아니다

새 세상을 위한
아름다운 비행을 한다

—「꽃이 새가 되는 시간」 전문

이 시는 봄날 벚꽃이 지는 장면을 형상화하고 있다. 재미난 사실은 벚꽃이 지는 장면을 통해 대개가 유추하는 허무의 정감과 아주 다른 층위의 정서를 보여준다는 사실이다. “우아한 자태는 사라져도/새로운 몸이 생긴다”는 시적 인식이 그것이다. 바닥에 떨어진 꽃잎들이 바람에 날려 그려내는 형상 속에서 시적 화자는 자유를 느끼고 있다. “꽃이 진다고/세상이 끝난 것이 아니다”는 선언적 맥락은 황경순 시인의 지향점을 가능할 수 있게 해준다. 삶과 죽음 또는 시작과 끝은 단절된 세계가 아니라 오히려 각각의 새로운 세계라는 점이 그것이다. 그러한 의미에서 벚꽃잎이 무리 지어 날리는 것은 "아름다운 비행"이다. 더 나아가 그것은 "꽃이 새가 되는 시간"인 것이다. 활달한 상상력의 전개와 뒤집어 사유하는 국면은 황경순 시인의 대표적인 시적 특징을 보여준다고 할 수 있다.

『꽃이 새가 되는 순간』을 몇 가지 특징으로 나누어 살펴보았다. 세계를 거꾸로 보려는 태도는 인식의 상투성을 파괴하고자 하는 몸부림이며, 최초의 언어로 복귀하고자 하는 고투이다. 이는 진정한 사물성을 회복하고자 하는 황경순 시인의 노력의 한 방편이다. 또한 우화적 성격으로서의 시는 자신의 삶을 성찰하는 태도에서 비롯되었다고 할 수 있다. 나아가 일상적 관찰을 통해 진실을 찾아가는 시적 형상화 방식으로 선경후정의 특징을 잘 보여준다. 앞에 말했듯이 시란 일상에서 비롯된다. 그러나 이 시집에서 보여주듯 일상은 그저 일상이 아니라 해석된 다른 세계일 때 우리에게 색다른 울림을 주게 된다. 그 울림이 먼 곳까지 울려 퍼지도록 분투하시기를 기원한다.

시인동네 시인선 236

꽃이 새가 되는 시간

초판 1쇄 인쇄 2024년 8월 5일
초판 1쇄 발행 2024년 8월 12일
지은이 황경순
펴낸이 김석봉
디자인 헤이존
펴낸곳 문학의전당
출판등록 제448-251002012000043호
주소 충북 단양군 적성면 도곡파랑로 178
전화 043-421-1977
전자우편 sbpoem@naver.com

ISBN 979-11-5896-657-7 03810